À tous les petits qui sont devenus les grands.
A. C.

À Fantin et Abel, mes deux petits.
A. L.

Conception graphique couverture : Marie Pécastaing
Conception graphique intérieure : Anne Crahay

22, rue Huyghens, 75014 Paris – www.albin-michel.fr
Loi n° 49956 du 16 juillet 1949 sur les publications destinées à la jeunesse
N° d'édition : 23638 – Dépôt légal : 2nd semestre 2019
ISBN : 978-2-226-44399-1 – Imprimé en France par Pollina s.a. - 90214B

Anne Crahay
Amandine Laprun

C'est toi la grande, maintenant !

Albin Michel Jeunesse

Il est trop choupinou !

Trop choupinou ?!

PFFFF !

Il est moche,
tout chiffonné comme mémé !

Et ses petites joues
comme des boutons de rose !

Des boutons de rose ?!

PFFFF !

Parfois, il sent vraiment le caca !

Il va bientôt faire ses nuits,
guili-guili !

Faire ses nuits ?!

PFFFF !

Jamais dans son lit !

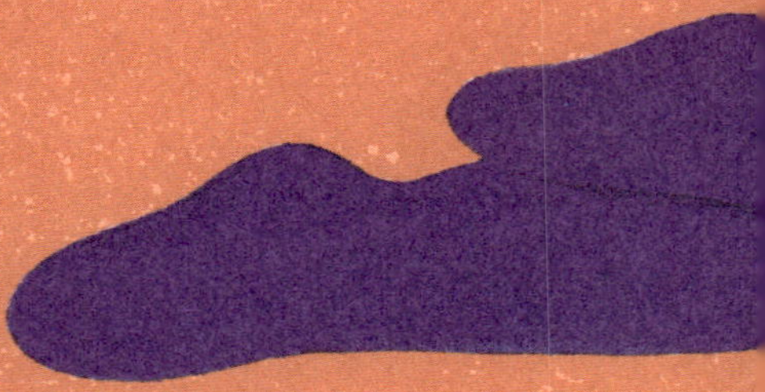

Il a bon appétit !

Bon appétit ?!

PFFFF !

Il prend maman tout pour lui !

Oh, mais voilà qu'il te sourit !

Il me sourit ?!

PFFFF !

Il n'a même pas une dent !

Et en plus il ne sait jouer à rien.
Heureusement, je suis là pour lui montrer…

C'est moi la grande,
maintenant !

Il est tout chiffonné,
Ses joues roses, son p'tit nez.
PFFFF !
Bébé est arrivé !

Il a maman tout pour lui,
Il pleurniche la nuit,
PFFFF !
Bébé dort dans le grand lit.

Ils admirent ses cacas,
Applaudissent ses renvois.
PFFFF !
Bébé, je ne comprends pas.